Sie Lukas Kasenda

Fünf Elemente
Qi Gong

Sie Lukas Kasenda

Fünf Elemente
Qi Gong

Mit einfachen Übungen zum inneren Gleichgewicht

Kösel

ISBN 3-466-34423-9

Druck und Bindung: Kösel, Kempten
Umschlag: Elisabeth Petersen, München
Umschlagmotiv: Tony Stone Bilderwelten

1 2 3 4 5 · 04 03 02 01 00

Gedruckt auf umweltfreundlich hergestelltem Bilderdruckpapier (säurefrei und chlorfrei gebleicht)

Inhalt

精氣神虛

Essenz

Energie

Geist

Leere

Gleichgewicht, Gleichgewicht …

Einführung

Gleichgewicht zwischen unserem Körper und der Natur, Gleichgewicht zwischen den Energien in unserem Körper, sind nach der Traditionellen Chinesischen Medizin (TCM) die wichtigsten Voraussetzungen für unsere Gesundheit. Sie kann beeinflusst werden durch Naturenergien wie Wind, Hitze, Nässe, Trockenheit und Kälte, den so genannten äußeren Faktoren. Wenn sich unser Körper mit diesen äußeren Faktoren im Gleichgewicht befindet, dann ist er gesund. Anders jedoch, wenn bestimmte Energien, wie Wind und Kälte, im Übermaß auf unseren Körper einwirken. Dies kann dann zu bestimmten Beschwerden führen, zum Beispiel zu Erkältungskrankheiten, Schmerzen oder Steifheit im Nacken-, Schulter- und Lendenbereich oder zur Lähmung der Gesichtsnerven.

Im Gegensatz zu den äußeren Energien gibt es auch so genannte innere Faktoren, die unsere Gesundheit ins Ungleichgewicht bringen können. Dazu zählen Gefühle wie Zorn, Freude, Sorge, Trauer und Angst. Der große Ausbruch eines Gefühls oder die ständige Unterdrückung desselben kann zu einem *Ungleichgewicht der Körperenergie* führen und sich in bestimmten Krankheitssymptomen zeigen. Die ständige Unterdrückung des Zorns zum Beispiel führt möglicherweise zu einer Blockierung der Leberenergie, die sich in Schmerzen im Oberbauchbereich äußern, die manchmal sogar bis in den Brustkorb reichen. Durch das *Fünf Elemente Qi Gong* wird versucht, diese inneren Energien wieder ins Gleichgewicht zu bringen, um eventuell blockierte Energien auf natürliche Weise zu lösen.

Viele Menschen, die Qi Gong nicht kennen, haben sicherlich Schwierigkeiten, zu verstehen, warum diese langsamen, fließenden Bewegungen gut für die Gesundheit sein sollen. Denn die meisten verbinden Gesundheitstraining mit Leistung, das heißt: Muskeln kräftigen, den Kreislauf trainieren – und das meistens schnell. Solche Übungen gehören nach chinesischer Ansicht jedoch nur zur äußeren Schulung. Im Gegensatz dazu ist Qi Gong eine *innere Schulung*. Bei diesen Übungen spielen die Muskelkraft und Schnelligkeit keine Rolle, sondern die langsame, geschmeidige, weiche, entspannte und ruhige Bewegung steht im Vordergrund.

Noch wichtiger als die körperliche Entspannung ist die geistige. Durch die geistige Ruhe setzt automatisch ruhiger Atem ein, und der Körper entspannt sich von selbst. Die innere Energie Qi wird durch geistige Entspannung in Bewegung gesetzt. Das ist das wichtigste Phänomen von Qi Gong überhaupt:

Durch Ruhe entsteht die Bewegung!

Fünf-Elemente-Lehre

Die fünf Energiebewegungen

Die Fünf-Elemente-Lehre ist eine alte chinesische Betrachtungsweise der Naturereignisse aus energetischer Sicht. Demnach existieren im Universum vier Bewegungsrichtungen der Energie:

- **Aufsteigende Energie**
- **Sinkende Energie**
- **Sich ausbreitende Energie**
- **(Zentrifugalenergie)**
- **Sich zusammenziehende Energie (Zentripetalenergie)**

Die Eigenschaften der einzelnen Bewegungen werden durch die fünf Elemente symbolisiert: Holz, Feuer, Erde, Metall, Wasser.

- **Holz und Feuer symbolisieren aufsteigende und sich ausbreitende Energie.**
- **Wasser symbolisiert sinkende Energie.**
- **Metall symbolisiert zusammenziehende, verdichtende Energie.**
- **Erde symbolisiert sowohl aufsteigende als auch sinkende Energie. Erde stellt einen Stabilisierungsfaktor dar.**

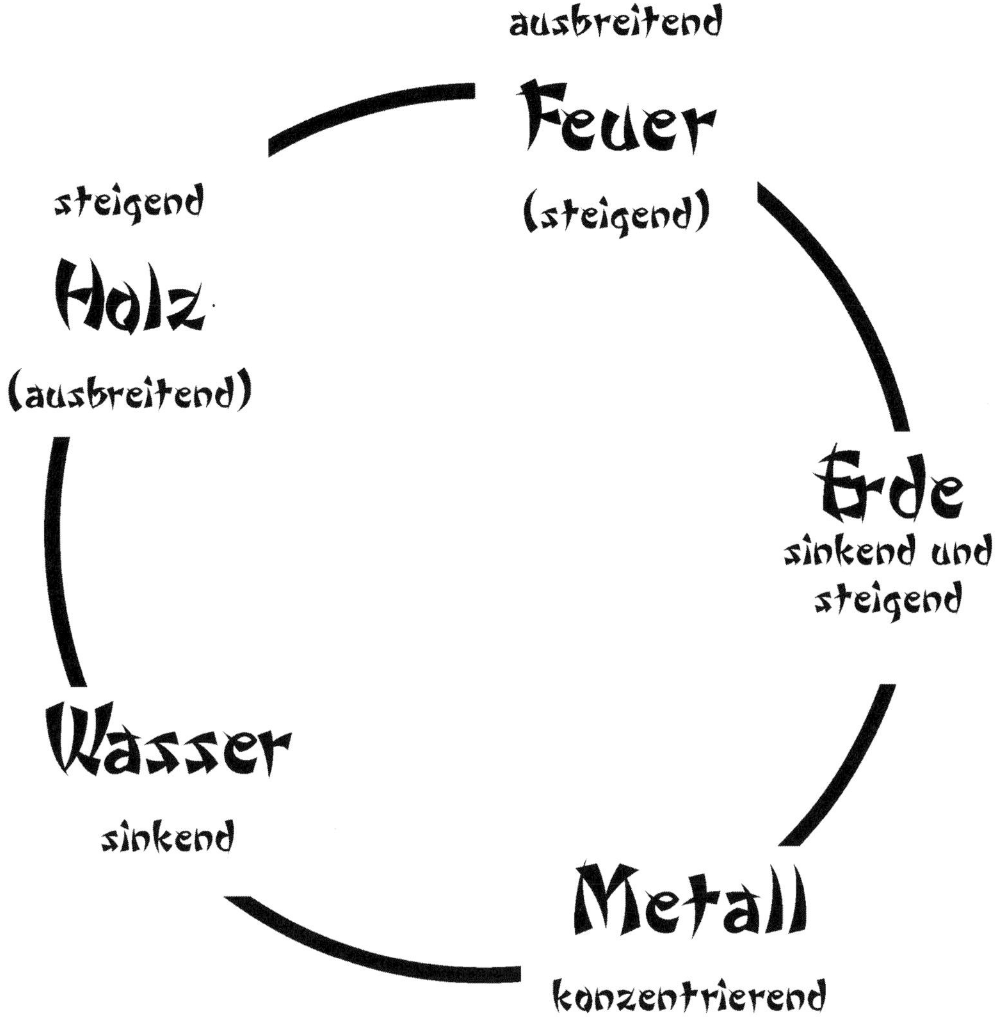
ausbreitend
Feuer
(steigend)
steigend
Holz
(ausbreitend)
Erde
sinkend und steigend
Wasser
sinkend
Metall
konzentrierend

Natur und Jahreszeiten, der Makrokosmos

Besonders anschaulich lässt sich die Zuordnung der fünf Energiebewegungen anhand der Jahreszeiten beobachten.

Im **Frühling**, wo die Natur vom Winterschlaf erwacht und ihr Wachstum beginnt, wo die Sprossen die Erde durchbrechen, steigt die Energie langsam auf. Diese Jahreszeit wird dem Element *Holz* zugeordnet, in der die Energie steigt und sich ausbreitet.

Der **Sommer** gehört zum Element *Feuer*. Das Feuer symbolisiert die Yang-Energie mit den Eigenschaften heiß und aufsteigend. In dieser Jahreszeit erreicht die Natur ihre höchste Wachstumsphase. Der Sommer stellt somit eine weitere Intensivierung der aufsteigenden und sich ausbreitenden Energie dar.

Nachdem die Energie ihren höchsten Punkt erreicht hat, beginnt sie wieder zu sinken, gleichzeitig jedoch steigt Energie nach oben. Dieser Zeitpunkt, wo Energie sowohl nach oben als auch nach unten fließt und somit eine Harmonisierung bzw. Stabilisierung des Energieflusses darstellt, fällt in die Zeit des **Spätsommers** (Altweibersommer) und wird dem Element *Erde* zugerechnet.

Der **Herbst** wird dem Element *Metall* zugeordnet, weil in dieser Zeit die Pflanzenwelt beginnt, ihren Energiefluss auf das Innerste (zentripetal) zu konzentrieren. Durch diese Energiebewegung verlieren die Bäume ihre Blätter, das heißt, die Energie befindet sich nur noch im Stamm des Baumes.

Nachdem die Energie sich verdichtet hat, beginnt sie im **Winter** zu sinken, und diese Zeit wird dem Element *Wasser* zugeordnet. Das Wasser symbolisiert Yin-Energie, die im Gegensatz zu Feuer kalt ist und nach unten fließt. Durch diesen Energiefluss bedingt spielt sich das Leben der Pflanzen in den Wintermonaten hauptsächlich unter der Erde ab.

Körper und Organe, der Mikrokosmos

Die chinesische Medizin betrachtet den menschlichen Körper als Teil der Natur (Makrokosmos), so dass wir die hier beschriebenen Energieflüsse in unserem Körper (Mikrokosmos) wieder finden. Auf Grund bestimmter Eigenschaften werden die inneren Organe den fünf Elementen zugeordnet:

☯ Die Lunge wird dem Metall zugeordnet, weil sich in ihr eine sehr dichte Energieansammlung befindet. Auf Grund dieser Energiedichte sprechen wir auch vom Meer der Energie. Diese Energiekonzentration entsteht durch die Vereinigung zweier Energiequellen. Die eine nehmen wir durch das Einatmen der Luft auf, die andere stammt aus der Aufnahme von Nahrung, die zuvor in der Milz verarbeitet wurde.

☯ Die Niere wird dem Wasser zugeordnet, weil sie unter anderem für den Wasserhaushalt des Körpers zuständig ist. Der Energiefluss gleicht dem Wasser und strebt nach unten.

☯ Die Leberenergie besitzt die Eigenschaft, sich nach oben zu verbreiten. Dieser Energiefluss gleicht einem wachsenden Baum. Die Leber wird deshalb dem Holz zugeordnet.

☯ Das Herz hat unter anderem die Aufgabe, den Körper zu wärmen. Auf Grund der wärmenden und sich ausbreitenden Eigenschaften wird das Herz dem Feuer zugeschrieben.

☯ Die Milz ist in der chinesischen Medizin für die Verdauung zuständig. Unsere Nahrung beziehen wir direkt oder indirekt aus der Erde, daher die Verbindung der Milz zur Erde. Aus energetischer Sicht haben die Milz und ihr Paarorgan, der Magen, im Gesamtenergiehaushalt eine stabilisierende Funktion. Der Energiefluss der Milz führt nach oben und gleichzeitig der des Magens nach unten. Es entsteht ein Gleichgewicht des Energieflusses.

Die oben genannten Organe gehören nach der Traditionellen Chinesischen Medizin (TCM) zu den Speicherorganen, das heißt, diese Organe können Energie speichern im Gegensatz zu den Hohlorganen, die Energie nur weiterleiten können. Zu den Hohlorganen gehören die Gallenblase, der Dünndarm, der Magen, der Dickdarm und die Harnblase.

Paarorgane und äußere Körperteile

Da nach der TCM die Organe in *Yin* und *Yang* unterteilt sind, steht jedem *Speicherorgan* (Yin) ein *Hohlorgan* (Yang) gegenüber. Es ergeben sich folgende Konstellationen:

Speicherorgan	*Hohlorgan*
Leber	Gallenblase
Herz	Dünndarm
Milz	Magen
Lunge	Dickdarm
Niere	Harnblase

Außer der engen Beziehung zwischen einzelnen Paarorganen besteht nach der TCM auch eine Beziehung der Energieaktivität innerer Organe zu anderen Körperteilen:

☯ Der Zustand der Nägel, Sehnen und Augen hängt von der Energieaktivität der Leber ab.

☯ Die Herzenergie spiegelt sich in unserem Gesicht wieder. Der Zustand der Zunge und Gefäße steht im engen Zusammenhang mit der Energieaktivität des Herzens.

☯ Die Energieaktivität der Milz sagt etwas über die Lippen, den Mund und die Muskeln aus.

☯ Die Körperhaare, die Nase und die Haut haben mit der Lungenenergie zu tun.

☯ Die Nierenenergie steht in enger Verbindung mit den Kopfhaaren, Ohren und Knochen.

Die fünf Charaktere
aus der Sicht der Fünf-Elemente-Lehre

Wie bereits im letzten Kapitel erwähnt, ist der Mensch mit fünf Energieeigenschaften ausgestattet (Holz, Feuer, Erde, Metall, Wasser). Je nachdem, welche der fünf Energien von Natur aus überwiegt, wird die betreffende Person einem bestimmten Energietyp zugeordnet.

Holztyp

Das äußere Erscheinungsbild des Holztyps kennzeichnet einen kräftigen und robusten Körperbau mit einem ausgeprägten Knochen- und Muskelsystem, breiten Schultern und kräftigem Nacken. Im Gesicht ist der obere Nasenhöcker nach außen gewölbt und sein viereckiges Gesicht zeigt einen ausgeprägten Unterkieferbogen.

Die menschlichen und körperlichen Eigenschaften des Holztyps zeichnen sich dadurch aus, dass er große Energiereserven besitzt. Er kann viel und hart arbeiten und kommt dabei mit wenig Schlaf aus (Workaholic).

Er liebt die Freiheit, Direktheit und Unabhängigkeit, andererseits neigt er zu Überheblichkeit und Herrschaft über andere. Er besitzt Organisationstalent und ist häufig in leitenden Positionen zu finden.

Feuertyp

Der Feuertyp ist schlank und hat einen mittleren bis großen Körperbau. Er ist feingliedrig, besitzt feine Gesichtszüge und eine zarte Haut, die sich bei Aufregung leicht rötet. Der Feuertyp ist ein Mensch, der offen nach außen wirkt, leicht zu beeindrucken und optimistisch und rasch in seinen Auffassungen ist. Er liebt die Gesellschaft und reagiert sehr schnell auf äußere Einflüsse. Dennoch neigt er zur Oberflächlichkeit und wechselt oft seine Interessen. Er ist eher ungeduldig, manchmal sogar explosiv.

Erdetyp

Der Körper des Erdetyps ist eher rund und seine Knochen sind nicht sonderlich ausgebildet. Sein Gesicht, seine Nasenspitze und auch sein Kinn sind ebenfalls rund. Die Charakterzüge des Erdetyps zeichnen sich durch Hilfsbereitschaft, Freundlichkeit, Geselligkeit und Witzigkeit aus. Im Umgang mit Menschen wirkt er locker und vertrauensvoll, und er besitzt eine nicht zu übersehende ruhige Ausstrahlung. Der Erdetyp liebt keine körperlich schwere Arbeit, sondern genießt die Annehmlichkeiten des Lebens. Seine Freunde setzen auf seine Zuverlässigkeit und Hilfsbereitschaft.

Metalltyp

Der Metalltyp ist klein bis mittelgroß und sein Körperbau ist eher schmal und zierlich. Der Gesichtsknochenbau ist zart und fein, und die Fülle der unteren Gesichtspartie fehlt. Die Stirn ist meist hoch und breit. Er wird als sanfter, empfindlicher und sensibler Mensch beschrieben, und ihn zeichnen hohe seelische Empfindsamkeit und eine ausgeprägte Sinneswahrnehmung aus. Der Metalltyp ist sehr intelligent und besitzt eine hohe geistige Konzentration. Seine Zurückhaltung vermittelt seinem Gegenüber einen eher unnahbaren Eindruck.

Wassertyp

Der Wassertyp besitzt einen athletischen Körperbau, wobei die Skelett- und Knochenmuskulatur kräftig und gut ausgebildet ist. Das Gesicht ist eher viereckig mit ausgeprägtem Unterkieferknochen, und seinen Kopf bedeckt straffes, dichtes Haar.

Er hat eine ungeheure Leistungsfähigkeit und Ausdauer. Ruhig und unerschütterlich geht er seinen Weg durchs Leben. Der Wassertyp wirkt introvertiert, zeigt seine Gefühle nicht und möchte nicht im Mittelpunkt stehen, sondern zählt gesellschaftlich eher zu den Einzelgängern. Seine Arbeiten verrichtet er ordentlich, korrekt und pflichtbewusst. Mit seinem starken Willen erreicht er meistens seine Ziele.

Organe und Energiegleichgewicht

Emotionen und Körperenergie

Nach Meinung der TCM besteht ein enger Zusammenhang zwischen der *Aktivität der Organenergien* und unserem *Gefühlsleben*.

Die Gefühle wie Zorn, Freude, Sorge, Trauer und Angst sind nichts anderes als Ausdruck der einzelnen Organaktivitäten. Äußere Einflüsse, die bestimmte Gefühle hervorrufen können, beeinflussen die Energieaktivität eines Organs.

Extremer Zorn zum Beispiel schadet der Leberenergie. Normalerweise kann der Körper bis zu einem gewissen Maß Wut und Zorn ertragen. Extreme Wut- und Zornausbrüche jedoch bringen die Leberenergie in einen unstabilen Zustand. Körperliche Beschwerden können die Folge sein.
Ein Mensch, der wegen jeder Kleinigkeit in Wut gerät, gehört zu dem Personenkreis, bei dem die Leberenergie sich von Anfang an in einem unstabilen Zustand befindet. Auf Grund dieser Instabilität ist diese Person nicht fähig, ihren Zorn zu kontrollieren.

Organe und Emotionen

Folgende Emotionen werden bestimmten Energieorganen zugeordnet:

Zorn	Leber
Freude	Herz
Sorge	Milz
Trauer	Lunge
Angst	Niere

Auswirkung der Emotionen

Außer den oben genannten spezifischen Verbindungen zwischen unseren Gefühlen und Organen wird in der TCM behauptet, dass die Gefühle auch eine allgemeine Wirkung auf die Körperenergie ausüben.
Zorn verursacht, dass die Körperenergie nach oben steigt. Angst verursacht, dass die Körperenergie sich nach unten bewegt. Dieses Phänomen kommt sogar im alltäglichen Sprachgebrauch vor: Das Herz rutscht einem vor Angst in die Hose oder man macht sich vor Angst in die Hose.

Freude entspannt allgemein die Körperenergie, Trauer vermindert sie. Sorge verursacht eine Blockierung oder Stagnation der Körperenergie. Durch blockierte Körperenergie empfinden Menschen einen Druck in der Magengegend oder einen Kloß im Hals. Schreck bringt die Körperenergie durcheinander.

Musik

Es ist allgemein bekannt, dass Musik das Gefühlsleben stark beeinflussen kann. Nach der TCM wissen wir, dass die Aktivität der Organenergie in unseren Gefühlen ihren Ausdruck findet. Demnach kann die Organenergie durch

Musik beeinflusst werden. Nach Ansicht der TCM sind nämlich bestimmte Töne in der Lage, die *Organenergien in Schwingungen* zu versetzen. Annäherungsweise können wir die chinesischen Töne auf europäische Klänge übertragen: Das C gehört zur Milz, das D zur Lunge, das A zur Niere, das E zur Leber und das G zum Herz.

Gesichtsfarbe

Um den Energiezustand eines Organs zu beurteilen, bedienten sich die alten chinesischen Ärzte außer der Puls- und Zungendiagnostik auch der Farbe des Gesichtsbereichs. Dabei unterschieden sie zwischen glänzender (gesunder) und matter (kranker) Farbe. Farben werden Organenergien zugeordnet:

Grün	Leberenergie
Rot	Herzenergie
Gelb	Milzenergie
Weiß	Lungenenergie
Schwarz	Nierenenergie

Geruch

Außerdem kann eine geschulte Person Gerüche wahrnehmen, die auf die Aktivität bestimmter Organe deuten lassen:

Uringeruch	Leberenergie
Verbranntes	Feuerenergie
Duftendes	Milzenergie
Fischgeruch	Lungenenergie
Fäulnisgeruch	Nierenenergie

Geschmack

Nahrungsmittel sind Energien, die verschiedene Geschmacksrichtungen aufweisen. Nach der TCM haben die jeweiligen Geschmäcker eine enge Beziehung zu den einzelnen Organen. Diese Tatsache wird deshalb in der chinesischen Kräutertherapie unbedingt berücksichtigt.

Sauer	Leber
Bitter	Herz
Süß	Milz
Pikant	Lunge
Salzig	Niere

Ein Beispiel dazu: Wenn jemand über Tage einen säuerlichen Geschmack im Mund verspürt, obwohl er keine saure Nahrung zu sich genommen hat, deutet dies auf eine Disharmonie der Leber hin.

Wechselwirkung der Elemente

Die bereits beschriebenen Energien sind nicht statisch, sondern befinden sich ständig in Bewegung! Dadurch verändert sich auch ihr Zustand entsprechend. Diese Veränderung unterliegt einer bestimmten Gesetzmäßigkeit:

Das Vorhandensein von Holzenergie (steigende und verbreitende Energie) begünstigt die Bildung von Feuerenergie (verbreitende und steigende Energie). Diese wiederum begünstigt die Bildung von Erdenergie (steigende und fallende Energie). Die Erdenergie fördert die Bildung von Metallenergie (zusammenziehende oder zentripetale Energie), und diese führt zur Bildung von Wasserenergie (fallende Energie).

Außer dieser begünstigenden Wirkung der einzelnen Energien untereinander besteht gleichzeitig auch ein hemmendes Wechselspiel zwischen den Energien:

Die Holzenergie hemmt die Entstehung von Erdenergie, diese wiederum verhindert die Bildung von Wasserenergie. Die Wasserenergie unterdrückt die Bildung von Feuerenergie und diese die Entstehung von Metallenergie. Metallenergie unterbindet die Holzenergie.

Um das Wechselspiel der Energien besser zu verstehen, folgen auf Seite 30 einige Beispiele. In der TCM ist zum Beispiel eine ausgewogene Ernährung unter anderem Voraussetzung für Gesundheit. Einseitiges Essen führt bei bestimmten Voraussetzungen zu einem Ungleichgewicht der Organenergien und entsprechenden Symptomen.

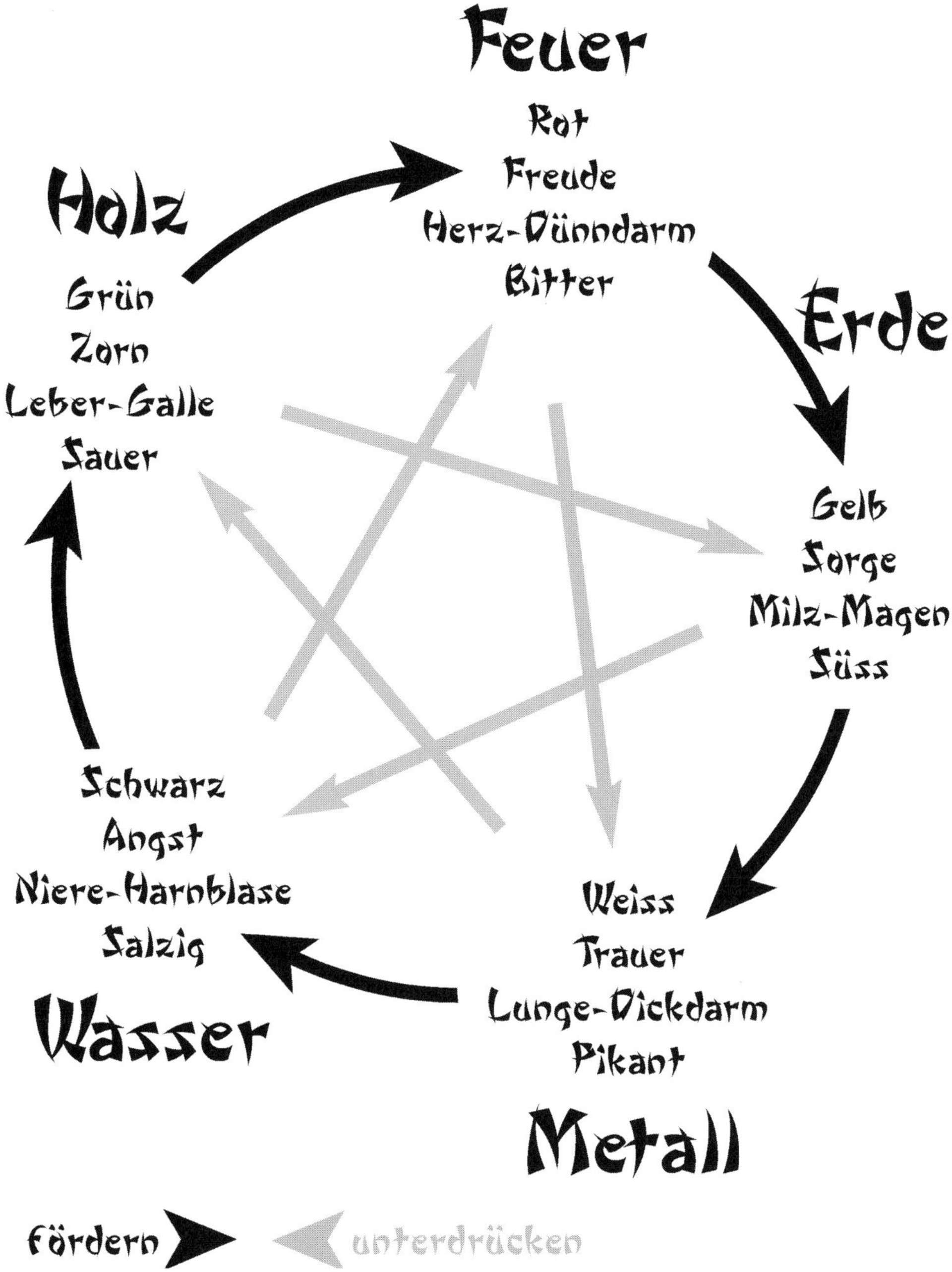
Feuer
Rot
Freude
Herz-Dünndarm
Bitter
Erde
Gelb
Sorge
Milz-Magen
Süss
Metall
Weiss
Trauer
Lunge-Dickdarm
Pikant
Wasser
Schwarz
Angst
Niere-Harnblase
Salzig
Holz
Grün
Zorn
Leber-Galle
Sauer
fördern
unterdrücken

Ausgewogene Ernährung und Energiefluss

☯ **Salzige Nahrung** gehört nach der TCM zur Nierenenergie (Wasser), die Einnahme von zu viel salzigem Essen kann jedoch die ausbreitende Funktion der Herzenergie (Feuer) beeinträchtigen, so dass der Blutfluss sich verlangsamt und die sonst rosige Gesichtsfarbe sich verdunkelt.

☯ **Bittere Nahrung** gehört nach der TCM zur Herzenergie (Feuer). Die Einnahme von zu viel bitterer Nahrung kann jedoch die Lungenenergie beeinträchtigen. Diese Beeinträchtigung zeichnet sich durch einen Mangel an Elastizität unserer Haut aus und durch reduzierte Körperbehaarung.

☯ **Pikante Nahrung** gehört zur Lungenenergie (Metall). Ein Zuviel an Pikantem hemmt die Tätigkeit der Leberenergie (Holz), was sich durch trockene und brüchige Nägel zeigt und einer Verminderung der Sehnengeschmeidigkeit.

☯ **Saure Nahrung** gehört nach der TCM zur Leberenergie (Holz). Zu viel saure Nahrung schädigt jedoch die Tätigkeit der Milzenergie, so dass die Elastizität der Muskulatur vermindert und die Lippen rissig werden.

☯ **Süße Nahrung** wird nach der TCM der Milzenergie (Erde) zugeordnet. Zu viel Süßes beeinträchtigt jedoch die Funktion der Nierenenergie (Wasser). Dieses äußert sich in Knochenschmerzen und kann zu Haarausfall führen.

Um jedes Missverständnis zu vermeiden – die beschriebenen Symptome können auch viele andere Ursachen haben! Die einseitige Ernährung ist nur eine Ursache von vielen.

Funktion der fünf Energieorgane

Den Ausdruck »Energieorgan« habe ich gewählt, um den Unterschied in der Betrachtungsweise zwischen der westlichen Medizin und der chinesischen Medizin in Bezug auf die Organfunktionen hervorzuheben. Da die chinesische Medizin die Organfunktion nur aus energetischer Sicht betrachtet, besteht hier ein entscheidender Unterschied zur westlichen Medizin, die eine anatomische, physiologische und biochemische Betrachtungsweise der Organe lehrt.

Meine Ausführungen beschränken sich auf die Beschreibung der fünf Energieorgane: Lunge, Niere, Leber, Herz und Milz.

Energieorgan Lunge

Die erste Funktion des Energieorgans **Lunge** ist das Atmen, die zweite Funktion die Verteilung von Qi (Energie) im ganzen Körper.

Die dritte Funktion ist zuständig für die Regulierung des Wasserhaushalts, wobei nach der TCM drei Energieorgane für den Wasserhaushalt verantwortlich sind – und zwar Milz, Lunge und Niere. Das Wasser gelangt durch die Nahrungsmittelaufnahme in den Magen, wo es durch Hilfe der Milzenergie im Körper aufgenommen und zur

Lunge weitergeleitet wird. Die Lungenenergie bewirkt dann, dass das Wasser sich im gesamten Körper verteilen kann. Ein Teil der Flüssigkeit wird durch die Schweißdrüsen ausgeschieden, ein anderer Teil wandert zur Niere. In der Niere findet ebenfalls eine Aufnahme des Wassers statt und eine Ausscheidung in Form von Harn.

Energieorgan Niere

Das Energieorgan **Niere** ist ebenfalls zuständig für den Wasserhaushalt und zusätzlich unterstützt es die Aufnahme der Luftenergie. Nach der TCM ist die Aufnahme von Luft nicht nur von der Lungenenergie abhängig, sondern wird durch das Energieorgan Niere vollendet.
Asthmabeschwerden können unter anderem durch eine schwache Lungenenergie erzeugt werden.
Eine dritte wichtige Funktion liegt in der Aufbewahrung angeborener Lebensessenz – damit ist die Form der Energie gemeint, die dem Mensch von seinen Eltern mitgegeben wurde. Diese angeborene Lebensessenz ist wichtig für das Wachstum, die Entwicklung allgemein und für die Fortpflanzung.

Energieorgan Leber

Das Energieorgan **Leber** speichert das Blut und reguliert die zirkulierende Blutmenge im Körper. Im Ruhezustand oder im Schlaf wird ein Teil des Blutes in der Leber gespeichert, bei Aktivität wird Blut wieder an den Körper abgegeben. Die zweite Funktion beschreibt die Harmonisierung des Qi und des Blutflusses.

Energieorgan Herz

Die wichtigste Funktion des Energieorgans **Herz** liegt in der Kontrolle der Blutzirkulation; das Blut wird durch die Pumpfunktion des Organs im gesamten Körper verteilt. Nach der TCM beherbergt das Herz den Geist, damit sind verschiedene geistige Aktivitäten gemeint wie zum Beispiel das Denken, die Merkfähigkeit oder das Schlafen.

Energieorgan Milz

Das Energieorgan **Milz** ist zuständig für die Aufnahme von Nahrungsmitteln und deren Stoffwechsel. Außerdem ist es wichtig für den Flüssigkeitstransport im Körper. Wenn die Milzenergie zu schwach ist, kann es zu einer Flüssigkeitsansammlung (Ödem) im Körper oder zu einer vermehrten Schleimbildung kommen.
Eine weitere Funktion nach der TCM besteht darin, dass dieses Energieorgan das Blut in den Gefäßen vor dem Austreten bewahrt. Bei chronischen Durchfallerkrankungen, die mit Blutungen einhergehen, ist zum Beispiel nach Ansicht der TCM die Ursache unter anderem in einem Mangel an Milzenergie zu suchen.

Energiebewegungen
und ihre Beeinflussung

Fassbare und nicht fassbare Energie

Qi Gong ist eine sehr alte chinesische Methode, um die Gesundheit zu erhalten. Direkt übersetzt bedeutet es »Übung mit der Energie«. Diese Energie befindet sich sowohl in der Natur als auch in unserem Körper. Dabei werden zwei Energieformen unterschieden: Bei der ersten Form sprechen wir von der *fassbaren Energie*, wie zum Beispiel unseren Gliedmaßen und inneren Organen, bei der zweiten Form von der *nicht fassbaren Energie*.
Der Unterschied zwischen beiden Energieformen liegt in der Dichte. Um dies zu veranschaulichen, vergleichen wir die Aggregatzustände von Wasser: Beim Wasserdampf befinden sich die Wassermoleküle weit auseinander, im flüssigen und festen Zustand liegen die Moleküle dichter beieinander. *Somit stellt die fassbare Energie eine stark verdichtete Form der nicht fassbaren Energie dar.*

Energie-Übung

Es gibt eine einfache Körperhaltung, um die nicht fassbare Energie um unseren Körper herum zu spüren. Halten Sie beide Handflächen parallel zueinander, zirka 20 cm voneinander entfernt, für ungefähr 3 Minuten. Danach führen Sie die Handflächen langsam aufeinander zu, ohne sie gegenseitig zu berühren. Im Abstand von 5 cm

verbleiben sie noch einmal eine halbe Minute. Anschließend bewegen Sie die Hände wieder in die Ausgangsstellung. Diesen Vorgang wiederholen Sie mehrmals, aber langsam.
Viele von Ihnen werden ein Kribbeln und Wärme in den Fingern empfinden. Außerdem verspüren Sie ein Druck- und Widerstandsgefühl zwischen beiden Handflächen, so, als ob sich ein unsichtbarer Ball zwischen den Händen befindet. Dieses Gefühl ist nichts anderes als die unfassbare Energie um unseren Körper. Denjenigen, die dieses Gefühl nicht gespürt haben, rate ich, die Übung mehrere Male zu wiederholen oder nach jeder Qi-Gong-Übung durchzuführen.

Qi-Fluss und Körpermeridiane

Wie bereits erwähnt, befindet sich die nicht fassbare Energie – Qi genannt – nicht nur um uns herum, sondern auch *in* uns. In unserem Körper fließt das Qi auf bestimmten Bahnen, den *Meridianen*. Die einzelnen Organe werden direkt oder indirekt durch die Meridiane miteinander verbunden. Außerdem verlaufen die Meridiane auf der Körperoberfläche, so dass ein Energieaustausch zwischen Körper und Natur stattfinden kann.

Akupunktur

Auf den Meridianen befinden sich Hunderte von Punkten, auf denen der Energieaustausch sehr intensiv ist. Diese Stellen bezeichnen wir als *Akupunkturpunkte*. In der chinesischen Medizin erzielt man unter anderem durch Akupunktieren dieser Stellen ein energetisches Gleichgewicht.

Durch Qi Gong wird versucht, die Energiebewegung in unserem Körper zu beeinflussen, um eine Harmonisierung der Körperenergie zu erreichen.

Ruhe und Bewegung

Zurzeit gibt es viele Arten von Qi Gong. Jede dieser Übungen hat ihre charakteristische Form. Äußerlich lassen sich die Übungen in drei Kategorien einteilen:

☯ Übungen, die in *Bewegung* ausgeführt werden. Bei dieser Art von Qi Gong befindet sich der Körper in ständiger Bewegung. In diese Kategorie gehört das bekannte *Tai Chi Chuan.*

☯ Übungen, die in *Ruhe* ausgeführt werden. Bei dieser Art von Qi Gong verharrt der Körper in bestimmten Stellungen, wie zum Beispiel im Sitzen, im Stehen oder im Liegen. In diesen Bereich fällt auch die Meditation.

☯ Übungen, die sowohl *in Ruhe als auch in Bewegung* ausgeführt werden. Die genannten Kategorien unterscheiden sich zwar äußerlich, aber bei genauer Betrachtung enthalten alle Qi-Gong-Übungen zwei wichtige Komponenten: Ruhe *und* Bewegung! Beim Tai Chi Chuan befindet sich der Körper zwar in Bewegung, aber gleichzeitig wird durch die Bewegung innere Ruhe gefunden. Bei der Meditation ist der Körper im Ruhezustand, doch bestimmte Atemtechniken und Konzentrationsübungen bewirken eine *Bewegung des Qi* in unserem Körper.

Das Fünf-Elemente-Qi-Gong beinhaltet sowohl Ruhe als auch Bewegung in seiner Ausführung.

Energie – Atmung – Geist

Die drei Begriffe Energie, Atmung und Geist spielen bei Qi Gong eine sehr große Rolle. In den klassischen chinesischen Büchern wird oft davon gesprochen, Energie zu harmonisieren, die Atmung zu regulieren und den Geist zu stillen bzw. zu beruhigen.
Wie wir im letzten Kapitel gesehen haben, gibt es Qi Gong in der Bewegung, in Ruhe und die Kombination von beiden.
Aus Sicht von Energie, Atmung und Geist lassen sich drei weitere Qi-Gong-Kategorien unterscheiden:

- Qi-Gong-Übungen, die sich hauptsächlich auf die Energie konzentrieren
- Qi-Gong-Übungen, die die Atmung betonen
- Qi-Gong-Übungen, die den Geist im Besonderen beruhigen bzw. stillen

Ganz gleich, welche Qi-Gong-Kategorie besonders geübt wird – immer werden Energie, Atmung und Geist angesprochen.

Beim Fünf-Elemente-Qi-Gong wird besonderer Wert auf die Energiebewegung gelegt. Atmung und Geist finden zwar während der Übung kaum Beachtung, indirekt jedoch werden sie beeinflusst. Das äußert sich durch eine tiefere und feinere Atmung. Der Geist wird automatisch ruhiger und stiller. Gedanken, die während der Übung auftreten, sollen nicht verdrängt, sondern einfach neutral beobachtet werden, ansonsten kann als Reaktion zusätzliche Unruhe entstehen. Mit der zunehmenden Beruhigung des Geistes wird die Bewegung langsamer, die Atmung tiefer und feiner und das Energiegefühl stärker – Energie, Atmung und Geist bedingen sich also gegenseitig.

Körper und Geist ins Gleichgewicht zu bringen ist leichter gesagt als getan, denn täglich wird der Geist Situationen ausgesetzt, die ihn in Unruhe versetzen. Die Sinnesorgane nehmen Reize unserer Umwelt wahr, dabei wird Energie aktiviert und der Geist reagiert entsprechend der menschlichen Kondition oder Erfahrung darauf positiv, negativ oder neutral.
Auf Grund dieser Tatsache werden die fünf Sinnesorgane in den klassischen chinesischen Büchern als die »fünf Räuber« bezeichnet, da durch ihre Aktivität der Geist in seiner Ruhe beraubt und die Energie gleichzeitig verbraucht wird.
So wird in den Büchern gesagt, dass die Augen genutzt werden, ohne zu sehen, die Ohren genutzt werden, ohne zu hören, die Nase genutzt wird, ohne zu riechen. Diese Aussage beschreibt zum einen den Zustand tiefer Versenkung während der Qi-Gong-Übung und zum anderen einen Geisteszustand, der so still und leer ist, dass die äuße-

ren Reize zwar durch die Sinnesorgane wahrgenommen werden, jedoch den Geist an sich nicht berühren, ihn nicht in Unruhe versetzen können.

Im Gegensatz dazu benutzen viele Menschen ihre Sinnesorgane, um den Geist in Unruhe zu versetzen. Dabei werden die Organe bis zum Äußersten gereizt, um dem Geist gewisse Befriedigungen zu verschaffen. Nach einer Phase ständiger Reizung der Sinnesorgane tritt ein Gewöhnungseffekt ein, der nach mehr und immer stärkerer Reizung verlangt. Am Ende jedoch sind Körper und Geist abgestumpft und verbraucht und trotzdem unzufrieden.

Das zwölfte Kapitel des Tao Te King von Lao Tse beschreibt diese Zustände wie folgt:

Die fünf Farben machen das Auge blind.
Die fünf Töne machen die Ohren taub.
Die fünf Geschmäcker stumpfen
den Geschmackssinn ab.
Die ständige Suche nach Sinnesreizungen
machen den Geist wild.
Gier nach kostbaren Dingen führt das Verhalten
in die Irre.

Daher bewahrt der Weise die Mitte
und lässt sich von Sinneseindrücken
nicht blenden.

Die Dinge kommen und gehen lassen,
ohne daran festzuhalten.

Fünf-Elemente-
Qi-Gong

Entspannte Körperhaltung

Voraussetzung vor jeder Qi-Gong-Übung ist Entspannung, und zwar *körperlich und geistig*. Hierzu nenne ich drei Übungen, die alle stehend ausgeführt werden. Um die richtige Haltung im Stehen einzunehmen, beachten Sie bitte folgende Regeln:

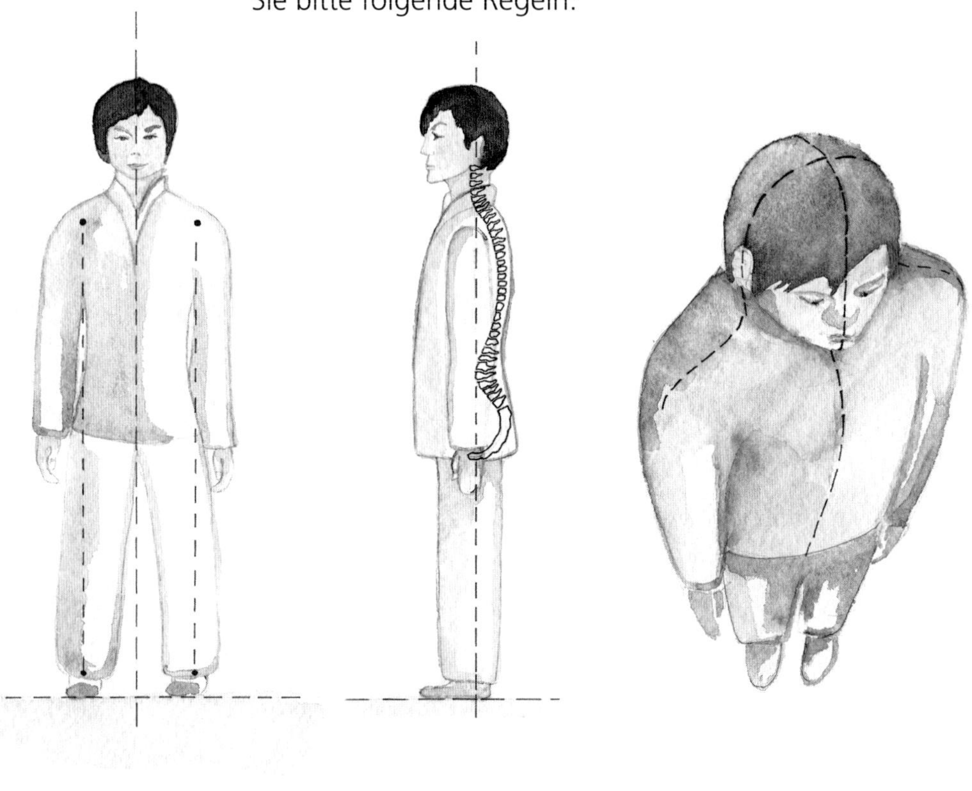

☯ Die Füße stehen schulterbreit und parallel. Diese Stellung ist wichtig, um im entspannten Zustand die Bildung eines Hohlkreuzes zu vermeiden, die bei nach außen gerichteten Fußspitzen unweigerlich erfolgen würde.

☯ Die Körperhaltung sieht so aus, als ob zwischen dem obersten Scheitelpunkt des Kopfes und dem unteren Ende des Steißbeins gedanklich eine senkrecht zur Erde fallende Linie gezogen würde. Der oberste Scheitelpunkt ist der Schnittpunkt zweier Linien, die zwischen dem obersten Rand beider Ohrmuscheln und der Verlängerung des Nasenbeins zum Kopf hin verlaufen. Die richtige Kopfhaltung wird dadurch erreicht, indem wir uns vorstellen, dass wir den Scheitelpunkt an einem Faden aufhängen. Dabei bewegt sich das Kinn leicht zum Hals hin.

☯ Arme und Hände hängen seitlich entspannt am Körper.

Erste Entspannungsübung

Die Vier-Linien-Methode. Bei dieser Übung stellen wir uns vier Linien vor: Die erste Linie beginnt beim Scheitel des Kopfes und führt entlang der vorderen Körpermitte bis zum Unterbauch. Dort teilt sich die Linie und geht auf beiden Beinen bis zu den Fußspitzen weiter. Die zweite Linie nimmt denselben Weg, jedoch auf der Körperrückseite. Die dritte und vierte Linie beginnt beim Scheitel des Kopfes und führt seitlich zu den Schultern, entlang den Armen bis zu den Fingerspitzen.

Bei dieser Übung verfolgen wir die Linie langsam von oben nach unten, wobei wir gedanklich die betreffenden Körperpartien entspannen. Erreicht beispielsweise die erste Linie die Stirnpartie, so suggerieren Sie sich gedanklich ein »Ruhe, Ruhe ...« oder »Locker, locker ...«, um die Stirn zu entspannen. So verfahren Sie mit jedem Bereich, den die Linie durchläuft.

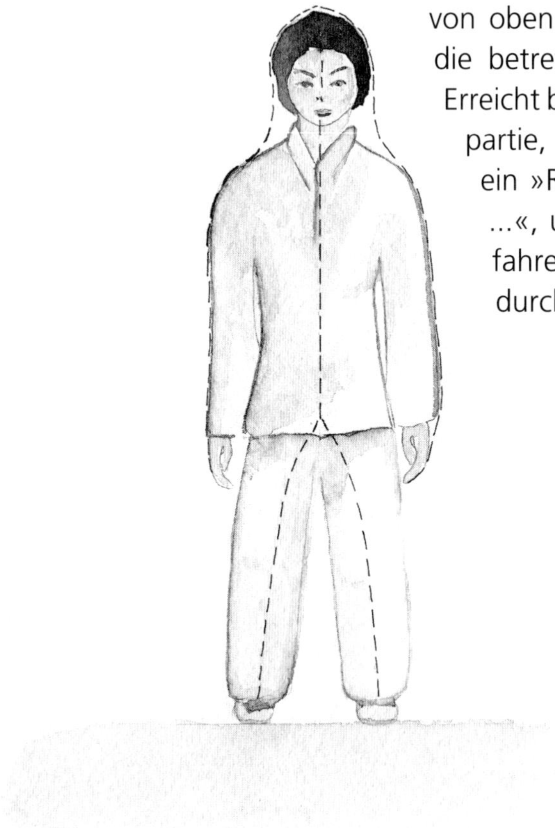

Zweite Entspannungsübung

Wir teilen unseren Körper in drei Etagen ein. Die erste Etage reicht vom Kopf bis zum unteren Halsansatz, die zweite vom Hals bis zum Unterbauch (beide Arme und Hände gehören dazu) und die dritte Etage von den Oberschenkeln abwärts bis zu den Füßen. Bei dieser Methode wird versucht, die einzelnen Etagen hintereinander zu entspannen.

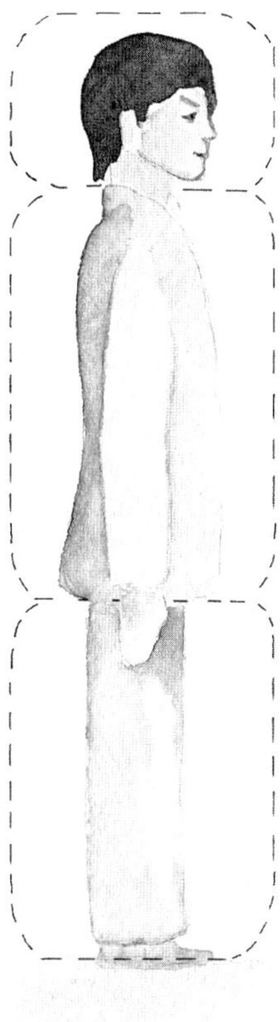

Dritte Entspannungsübung

Bei dieser Übung stellen wir uns vor, als ob von Kopf bis Fuß langsam ein Nebel über uns herabsinken würde. Beim langsamen Fallen des Nebels versuchen wir, den ganzen Körper von oben nach unten allmählich zu entspannen. Dabei konzentrieren wir uns zunächst auf die vordere und danach auf die rückwärtigen Körperbereiche.

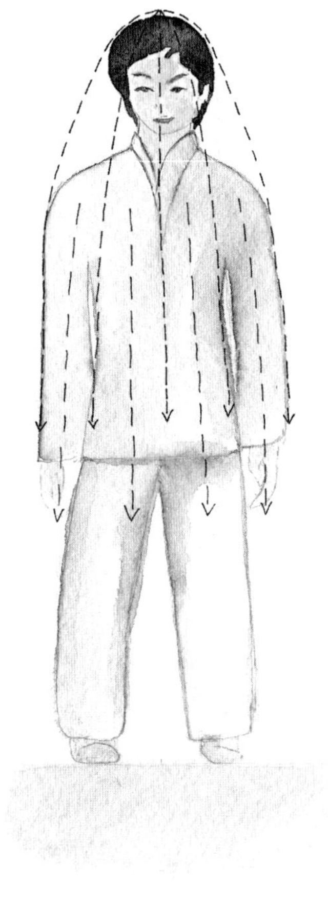

Welche der drei Entspannungsübungen gewählt wird, bleibt jedem selbst überlassen. Ich persönlich bevorzuge die dritte Methode, weil diese Übung den kontinuierlichen *Qi-Fluss nach unten* fördert.

Dreikreise-stellung

Nach der Entspannungsphase beginnen die eigentlichen Qi-Gong-Übungen. Sie werden stehend durchgeführt, wobei als Ausgangsposition die so genannte Dreikreisestellung eingenommen wird.

Wie bereits erwähnt, stehen beide Füße parallel und schulterbreit auseinander. Die Hände hängen locker neben den Oberschenkeln. Jetzt bewegen Sie beide Handrücken nach vorn und heben die Arme bis in Schulterhöhe. Anschließend beugen Sie die Ellenbogen, wobei die Hände langsam nach unten bis in Hüfthöhe drücken. Parallel zu dieser letzten Bewegung werden die Knie leicht ge-

beugt, dann die Fingerspitzen 45° nach außen gedreht und die Arme seitlich bis zur Höhe der Schultern geführt. Gleichzeitig bewegen Sie Ihre Füße auseinander. Zuerst drehen Sie die Fußspitzen nach außen und anschließend die Fersen.

Zum Schluss richten Sie beide Fußspitzen wieder parallel nach vorn. Nun drehen Sie die Handflächen nach innen, und die leicht gespreizten Finger bewegen sich aufeinander zu, so, als ob Sie einen unsichtbaren Ball zwischen den Händen halten würden. Bleiben Sie in dieser Stellung zirka 1 Minute lang. Im Anschluss folgen nun die verschiedenen Übungen der Elemente. Am Anfang ist es leichter, wenn Sie die Übungen nach und nach erlernen und einzeln machen. Sobald Sie jedoch mit ihnen vertraut sind, sollten Sie sie jedoch aus energetischen Gründen immer hintereinander in der angegebenen Reihenfolge durchführen.

Metall-Übung

Bewegen Sie Ihre linke Hand bogenförmig nach rechts bis zum Brustkorb, ohne ihn jedoch zu berühren. Gleichzeitig wird der rechte Arm, leicht gestreckt, nach rechts geführt. Der Oberkörper wird ebenfalls leicht nach rechts gedreht. Das Gewicht verlagern Sie auf das rechte Bein, das linke Bein ist leicht gestreckt und das rechte Knie leicht gebeugt.
Nun bewegen Sie Ihren rechten Arm bogenförmig nach links bis zum Brustkorb, ohne ihn zu berühren. Sobald sich die rechte Hand zum Brustkorb bewegt, wird der angewinkelte linke Arm nach links leicht gestreckt. Das Gewicht verlagern Sie nun auf das linke Bein.

Diese Übung führen Sie bitte jeweils links und rechts 10 mal durch.

Abschließend nehmen Sie die Dreikreisestellung ein.

Wasser-Übung

Drehen Sie die Handflächen nach unten, und führen Sie die Hände abwärts nach hinten. Parallel dazu setzen Sie den rechten Fuß einen halben Schritt bis zur Körpermitte nach hinten. Dabei ist das rechte Knie leicht gebeugt und das linke gestreckt. Das Gewicht liegt jetzt auf dem rechten Bein. Danach setzen Sie den rechten Fuß einen Schritt nach vorn, wobei jedoch nur die Fußspitze den Boden berührt. Das Gewicht wird auf das linke gestreckte Bein verlagert. Gleichzeitig mit der Fußbewegung nach vorn führen Sie beide Hände von der Seite her bogenförmig nach vorn bis in Brusthöhe, so, als ob Sie einen unsichtbaren Ball mit den Händen halten würden.

Diese Übung wird 10 mal wiederholt.

Danach wechseln Sie die Beinstellung, indem zuerst der rechte Fuß neben den linken gesetzt wird. Dann bewegen Sie den linken Fuß einen viertel Schritt nach vorn, wobei nur die Fußspitze den Boden berührt. Bei diesem Fußwechsel führen Sie gleichzeitig beide Hände von der Seite her bogenförmig nach vorn bis in Brusthöhe, so, als ob Sie einen unsichtbaren Ball halten würden. Dann wird die Übung genauso, wie vorher beschrieben, ausgeführt, jetzt bewegen Sie jedoch den linken Fuß vorwärts und rückwärts.

Diese Übung wiederholen Sie ebenfalls 10 mal.

Abschließend nehmen Sie die Dreikreisestellung ein: Sie drehen die Handflächen nach unten und führen beide Hände zum Bauch zurück. Ziehen Sie den vorderen Fuß neben den anderen. Mit dem rechten oder linken Fuß machen Sie einen großen Schritt seitwärts, die Hände wer-

den parallel dazu von der Mitte her schräg aufwärts bis zur Höhe der Schulter geführt. Dann drehen Sie beide Handflächen nach innen, und die leicht gespreizten Finger bewegen sich aufeinander zu, so, als ob Sie einen unsichtbaren Ball mit den Händen halten würden. Achten Sie bei dieser Stellung auf die gebeugten Knie.

Holz-Übung

Führen Sie die linke Hand in Bauchhöhe nach rechts, so dass der Unterarm parallel zum Boden und die Handfläche nach unten zeigt. Gleichzeitig senken Sie die rechte Hand nach unten neben den rechten Oberschenkel. Nun drehen Sie das rechte Handgelenk im Uhrzeigersinn, bis dass die Fingerspitzen nach oben zeigen, und führen die rechte Hand so aufwärts, dass sich beide Handrücken berühren. Nach der Berührung bewegen Sie die rechte Hand im Winkel von 45° schräg weiter nach rechts oben. Gleichzeitig führen Sie die linke Hand seitlich parallel zum Fußboden nach links. Das linke Bein wird bei dieser Bewegung leicht gestreckt und das Gewicht auf das rechte Bein verlagert.

Nun bewegen Sie die rechte Hand nach links in Bauchhöhe, so dass der Unterarm parallel zum Boden und die Handfläche nach unten zeigt. Gleichzeitig wird die linke Hand nach unten neben den linken Oberschenkel gesenkt. Während dieser Handbewegung verteilt sich das Gewicht gleichmäßig auf beide Beine, und beide Knie gehen leicht in die Beuge. Drehen Sie nun das linke Handgelenk gegen den Uhrzeigersinn. Die Fingerspitzen werden nach oben gerichtet, und Sie führen die Hand langsam aufwärts, so dass sich beide Handrücken berühren. Nach der Berührung bewegen Sie die linke Hand im Winkel von 45° schräg weiter nach links oben. Gleichzeitig führen Sie die rechte Hand parallel zum Fußboden nach rechts. Das rechte Bein wird dabei leicht gestreckt, und das Gewicht wird auf das linke Bein verlagert.

Diese Übung machen Sie rechts und links je 10 mal.

Abschließend nehmen Sie die Dreikreisestellung ein.

Feuer-Übung

Führen Sie beide Arme parallel zum Boden nach rechts, so dass der linke Arm in Höhe des Brustkorbs gebeugt ist. Die Handfläche zeigt dabei zum Körper. Der rechte Arm wird mit der Handfläche nach vorn zur rechten Körperseite gestreckt. Nun drehen Sie die rechte Hand so, dass der Handrücken nach vorn zeigt. Aus dieser Haltung heraus bewegen Sie die rechte Hand kreisförmig von rechts nach links, dann um den Hinterkopf herum wieder nach rechts und zurück in Brusthöhe nach links. Dabei zeigt die Handfläche zum linken Brustkorb hin. Das Gewicht verlagert sich von rechts nach links.

Während sich die rechte Hand dem Brustkorb nähert, wird der linke angewinkelte Arm zur linken Körperseite hin leicht gestreckt. Jetzt drehen Sie die linke Hand so, dass der Handrücken nach vorn zeigt.
Führen Sie die linke Hand kreisförmig von links nach rechts, dann um den Hinterkopf herum wieder nach links

und zurück in Brusthöhe nach rechts. Die Handfläche weist zum Schluss zum Brustkorb hin. Das Gewicht verlagert sich bei dieser Bewegung von links nach rechts. Während sich die linke Hand dem Brustkorb nähert, wird die rechte angewinkelte Hand zur rechten Körperseite hin leicht gestreckt.

Diese Übungen machen Sie jeweils rechts und links 10 mal.

Abschließend nehmen Sie wieder die Dreikreisestellung ein.

Erde-Übung

Führen Sie beide Handflächen zur rechten Körperseite. Achten Sie darauf, dass die rechte Hand zirka 45° nach unten weist und die Handfläche schräg nach oben zeigt. Die linke Hand bleibt in Schulterhöhe, mit der Handfläche nach unten. Während dieser Bewegung verlagern Sie das Körpergewicht auf das rechte Bein, wobei das linke Bein leicht gestreckt wird. Jetzt bewegen Sie die rechte Hand nach oben bis zur Höhe der Schulter und die linke nach unten bis in Hüfthöhe. Nun ziehen Sie die rechte Hand mit der Handfläche nach oben zum Körper hin und drehen gleichzeitig Ihren Körper leicht nach links. Während dieser

Drehung bewegt sich die linke Hand von rechts unten nach links.

Das Körpergewicht wird nun nach links verlagert. Die linke Hand wird jetzt gedreht, so dass die Handfläche schräg nach oben zeigt. Nun bewegen Sie die linke Hand nach oben bis zur Höhe der Schulter und die rechte Hand nach unten bis in Hüfthöhe. Jetzt ziehen Sie die linke Hand mit nach oben gerichteter Handfläche zum Körper hin und drehen gleichzeitig Ihren Körper leicht nach rechts.

Dabei bewegt sich die rechte Hand von links unten nach rechts. Das Körpergewicht verlagert sich auf das rechte Bein.

Führen Sie die Bewegung auf beiden Körperseiten jeweils 10 mal durch.

Abschließend nehmen Sie die Dreikreisestellung ein.

Schluss-übung

Lassen Sie beide Hände zur rechten Körperseite fallen. Gleichzeitig führen Sie die rechte Ferse nach links in Schulterbreite und setzen sie einen viertel Schritt vor sich auf. Wichtig ist, dass das Körpergewicht auf dem leicht gebeugten linken Bein ruht. Nun machen Sie mit der linken Hand eine kreisförmige Bewegung schräg nach links oben, führen die Hand wieder nach unten und dann zurück zur rechten Körperseite. Die Handfläche zeigt zum Schluss nach oben.

Während dieser Bewegung steigt die rechte Hand nach oben bis in Schulterhöhe, wo dann die Handfläche nach unten zeigt. Jetzt befinden sich beide Handflächen über-

einander, so, als würden sie einen Ball halten. Nun setzen Sie den rechten Fuß zurück neben den linken und den linken Fuß bewegen Sie einen halben Schritt vorwärts. Das Körpergewicht wird nach vorn verlagert, und gleichzeitig schieben Sie beide Handflächen schräg nach links oben, so, als wenn Sie den Ball langsam wegschieben wollten. Der Körper wird dabei leicht nach links gedreht.

Anschließend lassen Sie beide Hände zur linken Körperseite fallen und verlagern das Körpergewicht auf das rechte Bein, so dass der linke Fuß auf die Ferse kippt. Machen Sie jetzt mit der rechten Hand eine kreisförmige Bewegung nach rechts oben. Dann führen Sie die Hand wieder nach unten und zurück zur linken Körperseite. Dabei zeigt die Handfläche zum Schluss nach oben.
Während dieser Bewegung steigt der linke Arm nach oben bis in Schulterhöhe, und die Handfläche wird nach unten gedreht. Beide Handflächen stehen jetzt übereinander, wieder so, als ob sie einen Ball halten würden. Setzen Sie jetzt den linken Fuß neben den rechten Fuß und

den rechten Fuß einen halben Schritt vorwärts. Das Körpergewicht verlagern Sie nun auf das rechte Bein, gleichzeitig schieben Sie beide Handflächen schräg nach rechts oben, so, als ob Sie den Ball langsam wegschieben wollten. Der Körper wird dabei leicht nach rechts gedreht.

Nachdem Sie die Übung auf beiden Seiten jeweils 10 mal durchgeführt haben, nehmen Sie abschließend wieder die Dreikreisestellung ein.

Um in die Dreikreisestellung zu gelangen, führen Sie beide Hände in Bauchhöhe zur Körpermitte zurück. Ziehen Sie den vorderen Fuß neben den anderen und machen Sie mit dem linken oder rechten Fuß einen großen Schritt seitwärts. Die Hände werden von der Mitte her seitlich aufwärts bis in Höhe der Schulter geführt. Dann drehen Sie beide Handflächen nach innen, die leicht gespreizten Finger bewegen sich aufeinander zu, so, als ob Sie einen Ball mit den Händen halten würden. Achten Sie bei dieser Stellung auf die gebeugten Knie.

Verweilen Sie in dieser Position zirka eine Minute lang.

Anschließend nehmen Sie die im Folgenden beschriebene Ausgangsstellung ein.

Zurück zur Ausgangsstellung

Drehen Sie beide Hände so, dass die Handflächen nach unten zeigen. Dann bewegen Sie die Hände kreisförmig beiderseits nach unten, so, als ob Sie über einen Ball streichen würden. Zum Schluss zeigen die Handflächen nach oben und werden bis in Höhe der Schultern gehoben.
Drehen Sie die Hände jetzt nach innen, so dass die Handflächen nach unten zeigen. Beide Ellenbogen senken sich abwärts, und die Hände drücken ebenfalls nach unten, bis sie locker neben den Oberschenkeln hängen. Während dieser Bewegung gehen Sie in eine aufrechte Stellung mit gestreckten Knien, achten Sie aber darauf, dass sie nicht durchgedrückt werden.
Drehen Sie dabei zuerst die Fußspitzen und anschließend die Fersen nach innen. Zum Schluss richten Sie die Fußspitzen parallel nach vorn.

Erläuterungen zum Fünf-Elemente-Qi-Gong

Dreikreisestellung

Die Dreikreisestellung ist eine relativ stabile Körperhaltung, die den Qi-Fluss in unserem Körper fördert. Den ersten Kreis bilden die Hände, den zweiten die Arme und den dritten Kreis die Beine. Nach Ansicht der chinesischen Medizin stellt die linke Körperhälfte *Yang* dar und die rechte *Yin*. Ein Ausgleich zwischen Yin und Yang wird durch die Stellung der Hände begünstigt. *Die drei Kreise symbolisieren die Harmonie zwischen Himmel, Mensch und Erde.*

Folgende Körperhaltung ist bei der Dreikreisestellung zu beachten:

- ☯ Der Körper soll nicht nach hinten oder vorn geneigt, sondern gerade stehen.
- ☯ Beide Schultern locker hängen lassen. Beide Ellenbogen locker hängen lassen, so dass die Spitzen der Ellenbogen nach unten weisen.
- ☯ Die Fingerspitzen beider Hände zeigen zueinander.

Metall-Übung

Metall deutet auf eine *Energiekonzentration* hin. In der Natur wird der Herbst dem Element Metall zugeordnet, da in dieser Jahreszeit die Pflanzenwelt ihren Energiefluss auf einen Mittelpunkt hin zu konzentrieren versucht. Bei dieser Übung nehmen wir durch die Handbewegung Energie aus der Natur auf und führen sie zum Brustkorb, wo sich die Lunge befindet, *um die Energie zu sammeln.*

Wasser-Übung

Das Wasser wird in der Natur dem Winter zugeordnet, und in unserem Körper symbolisiert es die Niere. Die Eigenschaft des Wassers ist es, *nach unten zu fließen.* Diese Eigenschaft wird durch die Übung deutlich dargestellt. Folgende Körperhaltungen sollten bei dieser Übung besonders beachtet werden:

- Der Körper sollte bei der Bewegung möglichst gerade gehalten werden.
- Bei der Fußbewegung nach hinten sollte der hintere Fuß nicht zu dicht an die Ferse des vorderen Fußes gesetzt, sondern mindestens eine halbe Fußlänge seitwärts gestellt werden.
- Bei der Fußbewegung nach vorn wird die Fußspitze ungefähr eine halbe Fußlänge seitlich vor den anderen Fuß gesetzt.

Holz-Übung

Holz wird in der Natur dem Frühling zugeordnet und symbolisiert in unserem Körper die Leber. So, wie die Pflanzen im Frühling nach oben streben bzw. wachsen, steigt und verbreitet sich auch die Leberenergie in unserem Körper. Die Handbewegung bei dieser Übung zeigt sowohl eine *aufsteigende als auch ausbreitende Tendenz, die aufsteigende jedoch ist ausgeprägter.* Folgende Körperhaltungen sollten bei dieser Übung beachtet werden:

☯ Die Hand, die nach oben geführt wird, sollte die Kopfhöhe nicht überschreiten.

☯ Wenn der angewinkelte Arm sich vor dem Körper befindet, wird der Oberkörper gerade gehalten und die Knie sind leicht gebeugt. Sobald die andere Hand nach oben seitwärts geführt wird, verlagert sich auch der Körper entsprechend.

Feuer-Übung

Feuer wird in der Natur der Jahreszeit des Sommers zugeordnet. In unserem Körper symbolisiert dieses Element die Herzenergie. Bei der Bewegung wird die Eigenschaft der *Hitzeenergie* deutlich, die sich *ausbreitet und nach oben steigt.* Im Vergleich zur Holzübung ist die *ausbreitende Tendenz stärker zu sehen als die aufsteigende.* Diese Bewegung stellt zur Holz-Übung eine Steigerung bzw. *Intensivierung der aufsteigenden Energie* dar. Während sich bei der Übung Holz die Energie vom unteren Körperteil nach oben bewegt, steigt sie bei der Übung Feuer vom oberen Körper bis zur höchsten Stelle des Kopfes.

Erde-Übung

Erde gehört in der Natur zur Jahreszeit des Spätsommers und symbolisiert bei den inneren Organen die Milzenergie. Nachdem die Energie ihren höchsten Punkt (Feuer) erreicht hat, beginnt sie wieder zu sinken. Parallel dazu steigt Energie nach oben. Bei dieser Übung wird durch die Bewegung deutlich, dass sich *Energie sowohl nach oben als auch nach unten bewegt.*

Schlussübung

Bei der Schlussübung handelt es sich nicht um eine Übung mit bestimmter Organenergie, sondern wir versuchen mit ihr, eine *Harmonisierung zwischen unserer Körperenergie und der Naturenergie um uns herum* zu erreichen. Zunächst lassen wir beide Hände nach unten zur Seite fallen, um die überschüssige Energie, die eventuell vorhanden ist, abzuschütteln. Dann holen wir mit einer Hand Energie aus der Umgebung, behalten sie für ein paar Sekunden zwischen unseren Händen und geben sie danach zurück an die Natur.

Der ständige Wechsel von Energieaufnahme und Abgabe stellt eine Harmonisierung des Gleichgewichts zwischen unserer Körperenergie und der Natur dar.

Tanz mit dem Qi-Ball

Im Fünf-Elemente-Qi-Gong wird versucht, verschiedene Ströme des Qi zu beeinflussen. Um dieses Ziel zu erreichen, ist es wichtig, die Bewegungsmuster genau einzuhalten.
Im Gegensatz dazu handelt es sich bei dem im Folgenden beschriebenen Tanz um eine *freie Übung, bei der Sie dem Qi freien Lauf gewähren,* um auf diese Weise eventuell vorhandene Blockaden zu lösen. Voraussetzung ist ein entspannter Körper und das Vorhandensein eines starken Qi-Gefühls.

Sie nehmen eine entspannte Körperhaltung ein, die Füße stehen schulterbreit und parallel. Arme und Hände hängen seitlich entspannt am Körper. Drehen Sie nun beide Handrücken nach vorn und heben Sie die Arme bis in Schulterhöhe. Anschließend beugen Sie die Ellenbogen, wobei die Hände langsam nach unten bis in Hüfthöhe drücken, dann lassen Sie die Hände entspannt hängen. Beide Fußspitzen stellen Sie nun leicht nach außen.

Führen Sie jetzt beide Unterarme nach oben, bis dass ein rechter Winkel zum Oberarm entsteht. Die Handflächen halten Sie parallel zueinander, führen sie langsam aufeinander zu bis zu einem Abstand von 5 bis 10 cm. In dieser Stellung verharren Sie so lange, bis Sie einen leichten Druck zwischen den Handflächen spüren, so, als hielten Sie einen unsichtbaren Gegenstand. Geben Sie nun dem Druck nach, indem Sie die Hände auseinander führen, bis keine Spannung mehr zu spüren ist. Dem Auseinandergehen der Hände folgt eine Anziehung, wobei die Hände wieder aufeinander zugehen.

Dieser Vorgang des Anziehens und des Auseinandergehens der Hände wiederholt sich immer wieder. Stellen Sie sich vor, Sie halten einen großen Ball in Ihren Händen, den Sie ganz klein zusammendrücken können.

Tanzen Sie nun mit dem Qi zwischen Ihren Händen, und auch die anderen Körperteile bewegen sich spontan, beispielsweise der Hals, die Lenden, das Becken, die Beine. Lassen Sie dieser Spontaneität der Bewegungen ihren Lauf.

Um den Tanz zu beenden, sagen Sie sich gedanklich, dass Sie aufhören möchten. Automatisch verlangsamen sich nun die Bewegungen und Ihr Körper kommt zur Ruhe. Die Füße stehen wieder schulterbreit und parallel, Arme und Hände hängen seitlich entspannt am Körper. Drehen Sie jetzt beide Handrücken nach vorn und heben Sie die Arme bis in Schulterhöhe. Anschließend beugen Sie die Ellenbogen, wobei die Hände langsam nach unten bis in Hüfthöhe drücken und dann locker hängen.

Entspannen Sie so ungefähr eine Minute.

Entspanntes Gehen

Diese Übung ist als Ergänzung zum Fünf-Elemente-Qi-Gong gedacht und richtet sich an die Menschen, die gerne spazieren gehen.
Zur Vorbereitung eignet sich besonders gut eine Entspannungsübung (die *dritte*), wie ich sie auf Seite 48 beschrieben habe. Beginnen Sie mit dieser Übung wie geschildert, und wenn Sie glauben, entspannt zu sein, setzen Sie langsam ein Bein vor das andere, Schritt für Schritt. Dabei achten Sie auf die völlige Entspannung des Körpers und des Geistes. Die Wirbelsäule sollte gerade gehalten werden und das Kinn leicht angezogen sein.

Diese Übung wird zunächst langsam mit zwanzig bis dreißig Schritten gemacht. Wenn Sie das Gefühl haben, dass der Körper dabei entspannt ist, kann das Tempo gesteigert werden wie bei einem normalen Spaziergang. Das entspannte Gehen sollte anfangs nicht länger als fünf bis zehn Minuten dauern. Später können Sie die Dauer des Gehens beliebig verlängern.
Der Unterschied zu einem sonstigen Spaziergang besteht darin, dass die Aufmerksamkeit auf die Entspannung gerichtet ist. Die Atmung wird dabei automatisch geregelt –

wie bei den Qi-Gong-Übungen – das heißt, sie wird tiefer und feiner.
Der Vorteil dieser Übung besteht darin, dass Sie sich später, nach einer längeren Übungsphase, in allen Situationen (Sitzen, Stehen Liegen etc.) entspannen können.

Fragen und Antworten

☯ Wie erlerne ich das Fünf-Elemente-Qi-Gong?

Nach meiner Erfahrung erlernt man das Fünf-Elemente-Qi-Gong stufenweise:

1. Stufe: Sie versuchen zunächst, die Bewegungen auswendig zu lernen. Während dieser Stufe ist es sehr sinnvoll, die sechs Übungen nach und nach konzentriert zu lernen.

2. Stufe: Sie versuchen, die Bewegungen entspannt und gleichmäßig sowie leicht durchzuführen.

3. Stufe: Sie versuchen bewusst, alle Bewegungen durch Ihre Konzentration zu lenken. Beispiel: Wenn Sie den Arm hochheben möchten, brauchen Sie sich normalerweise nicht zu konzentrieren. Sie heben den Arm automatisch, da dieser Lernprozess in der Kindheit stattgefunden hat. Bei den Qi-Gong-Übungen versuchen Sie, durch *geistige Kraft* bzw. *Konzentration* die Bewegungen auszuführen. Ein alter chinesischer Lehrsatz aus dem Qi Gong besagt: Das Bewusstsein lenkt das Qi, und das Qi bewegt den Körper.

☯ Kann man das Qi Gong aus dem Buch lernen?

Im Prinzip ja. Am Anfang ist es jedoch für manche Menschen leichter, wenn ein erfahrener Qi-Gong-Meister die Bewegungen zusätzlich zeigt.

☯ Kann man neben dem Qi Gong andere Sportarten betreiben?

Ja. Es besteht keine negative Interaktion zwischen Qi Gong und anderen Sportarten. Im Gegenteil – durch die Qi-Übung wird die Leistungsfähigkeit, zum Beispiel beim Joggen, noch gesteigert.

☯ Kann man mehrere Qi-Gong-Arten nebeneinander üben?

Im Allgemeinen ist dagegen nichts einzuwenden. Der Fortschritt beim Qi Gong wird dadurch jedoch nicht beschleunigt. Meiner Meinung nach ist es sinnvoller, eine Qi-Gong-Art regelmäßig zu üben und andere Arten als Ergänzung zeitweise.

☯ Müssen die Qi-Gong-Übungen in einer bestimmten Reihenfolge ausgeführt werden?

Aus energetischer Sicht ist es wichtig, die Übungen in der richtigen Reihenfolge (Metall, Wasser, Holz, Feuer und Erde) zu machen, denn nach der Fünf-Elemente-Lehre bzw. der Fünf-Wandlungsphasentheorie besteht ein sehr enger Zusammenhang zwischen den einzelnen Energien. Die Bildung von der einen Elementenergie ist Voraussetzung für die Entstehung der nachfolgenden Elementener-

gien. Beispielsweise ist die Voraussetzung für die sinkende Energie in der zweiten Übung (Wasser) die vorangegangene Konzentration bzw. Verdichtung der Metallenergie. Nachdem die Energie ihren tiefsten Punkt erreicht hat, steigt sie langsam wieder nach oben (Holz). Diese Energiesteigerung wird noch weiter intensiviert in der folgenden Übung Feuer, in der die Energie ihren höchsten Punkt erreicht.
Nun sinkt die Energie wieder nach unten, wobei gleichzeitig auch aufsteigende Energie vorhanden ist (Erde).

☯ Wann, wie lange und wie oft soll Qi Gong geübt werden?

Im Allgemeinen kann Qi Gong zu allen Tageszeiten ausgeführt werden. Am günstigsten ist es jedoch am Morgen. Die gesamte Übungsdauer beträgt zirka 10 bis 20 Minuten, je nachdem wie schnell oder langsam Sie die Übung durchführen. Wenn Sie Zeit haben, können Sie mehrmals am Tag Qi Gong machen. Beim Üben am Abend achten Sie darauf, dass die Übung eine halbe Stunde vor dem Schlafen beendet ist. Nach einem üppigen Essen oder nach psychischer Aufregung sollte kein Qi Gong gemacht werden.

☯ Ist Musik während des Qi Gong angebracht?

Zu diesem Thema gibt es unterschiedliche Meinungen. Ich persönlich lehne Musik aus zwei wichtigen Gründen ab: Zum einen bedeutet Qi Gong eine innere Schulung, das heißt, dass die Ruhe von innen kommen soll – im Gegensatz zur Musik, bei der die Ruhe von außen herangetragen wird. Zum anderen besteht ein Musikstück aus vielen verschiedenen Tönen, wobei jeder Ton eine bestimmte Form von Energie darstellt. Diese Mischung von Energien beeinflusst in diesem Fall auf ungünstige Weise unseren Energiehaushalt.

☯ **Es ist bekannt, dass durch das Kranich-Qi-Gong große Spontanbewegungen ausgelöst werden können. Gibt es solche Bewegungen auch beim Fünf-Elemente-Qi-Gong?**

Bevor ich diese Frage beantworte, möchte ich jene Spontanbewegungen kurz erläutern: Es handelt sich hierbei um unwillkürliche Bewegungen verschiedener Körperteile wie Gelenke oder Muskeln, die entstehen, wenn sich der Körper in einem entspannten Zustand befindet und das Qi an der betreffenden Stelle gerade aktiv ist. Bei diesem Phänomen unterscheidet man große und kleine Spontanbewegungen, wobei bei den großen Bewegungen weit ausholende Bewegungen der Arme, Beine und des ganzen Körpers zu beobachten sind. Im Gegensatz dazu äußern sich die kleinen Spontanbewegungen im Bereich der Mimik oder im kleineren Gelenkbereich des Körpers.
Außer den eben genannten Spontanbewegungen im physischen Bereich, gibt es im Qi Gong auch eine Spontanaktivität der Psyche: Während einer Übung kann es passieren, dass ein Gefühl der Trauer oder Freude entsteht, ohne dass wir dabei an traurige oder frohe Ereignisse denken. Die Dauer des Gefühls beträgt nur einige Sekunden. Dieser kurze »Gefühlsausbruch« ist ein Zeichen für die Energieaktivität der entsprechenden Organe. Beim

Fünf-Elemente-Qi-Gong entsteht dieses Phänomen von allein und zeigt sich meist im Bereich der Mimik und der Gefühle.
Wenn Spontanbewegungen auftreten, dann führen Sie die Übungen ruhig weiter, denn die Bewegungen halten in der Regel nur für kurze Zeit an, dann verschwinden sie von selbst. Ganz anders sieht es bei dem »Tanz mit dem Qi-Ball« aus (Seite 73 ff.), bei dem die Entstehung der großen Spontanbewegung speziell gefördert wird.

☯ Worin besteht der Unterschied zwischen Qi Gong und Tai Chi Chuan?

Qi Gong ist der Überbegriff für Übungen mit Energie. Es gibt sehr viele Arten von Qi Gong, und das Tai Chi Chuan gehört dazu. Zusätzlich beinhaltet das Tai Chi Chuan Verteidigungselemente, da es ursprünglich zur Selbstverteidigung entwickelt wurde. Heute wird Tai Chi Chuan fast ausschließlich wegen seiner gesundheitsfördernden Wirkung geübt.

☯ Muss man beim Fünf-Elemente-Qi-Gong besonders auf die Atmung achten?

Nein. Beim Fünf-Elemente-Qi-Gong richtet sich die Aufmerksamkeit ausschließlich auf die Bewegung. Die Atmung reguliert sich in diesem Fall von allein. Wenn Sie lange genug geübt haben, kommt es automatisch zu einer tiefen und manchmal auch lauten Atmung. Dieser Phase folgt oft eine ruhige. Beide Atmungsformen wiederholen sich mehrmals während einer Übung, wobei die Intensität der Atmung mit der Zeit weniger wird. Zum

Schluss wird die Atmung immer feiner und ruhiger, so dass sie von Ihnen nicht mehr bemerkt wird.

☯ Wenn ich die Fünf-Elemente-Qi-Gong-Übungen nicht exakt ausführe, kann sich das nachteilig auf meine Gesundheit auswirken?

Nein, Sie spüren vielleicht weniger das Qi, aber eine Gefährdung der Gesundheit ist völlig ausgeschlossen.

☯ Ich habe oft Magenbeschwerden. Soll ich in diesem Fall die Erde-Übung öfter durchführen?

Aus folgenden Gründen halte ich dies nicht für sinnvoll: Die Ursachen Ihrer Magenbeschwerden entstehen nicht unbedingt durch Störungen Ihrer Erdenergie. Ebenso können die Beschwerden durch eine Störung beispielsweise der Leberenergie herrühren. Als Laie ist es schwer, den eigentlichen Störungsherd zu finden. Wenn Sie schon mit bestimmten Gedanken behaftet an die Übungen herangehen, führt dies zu einer gewissen Verkrampfung, denn Ihr Geist ist nicht mehr entspannt und frei. Ein solcher Zustand sollte bei der Durchführung der Qi-Gong-Übungen jedoch vermieden werden.
Am besten gehen Sie an die Übungen ohne gedanklichen Ballast heran. Mit der Zeit werden Sie feststellen, dass die eine oder andere Beschwerde von selbst verschwindet. Wenn Sie jedoch während einer bestimmten Übung das Gefühl haben, dass sie Ihnen besonders gut tut, können Sie sie natürlich öfter durchführen.

☯ Kann das Fünf-Elemente-Qi-Gong im Sitzen gemacht werden?

Vorab sollten wir uns darüber bewusst sein, dass die Bewegung des Qi hauptsächlich durch drei Faktoren beeinflusst wird.

1. Die vorgeschriebene Handbewegung erzeugt einen Qi-Fluss.

2. Auch die Beinstellung fördert einen stärkeren Qi-Fluss, da bei den Übungen eine Gewichtsverlagerung von rechts nach links und umgekehrt stattfindet. Weil die Übungen (im Vergleich zu den Beinen) mit Armen und Händen relativ entspannt gemacht werden, entsteht wiederum ein Spannungsgefälle zwischen unten und oben. Der Qi-Fluss wird somit durch die unterschiedlichen Spannungsgefälle gefördert.

3. Das Wichtigste bei der Förderung des Qi-Flusses ist die geistige Konzentration, die nur von sehr geübten und erfahrenen Menschen erlangt wird.

Die Antwort lautet also: Das Fünf-Elemente-Qi-Gong kann im Sitzen durchgeführt werden, wobei der Qi-Fluss anfangs schwächer zu spüren sein wird, da die Förderung des Qi durch die Beinstellung entfällt.

☯ Ich habe Beschwerden am Kniegelenk. Kann ich das Fünf-Elemente-Qi-Gong trotzdem machen?

Auf jeden Fall. Ein paar Dinge sollten Sie jedoch beachten:
Beugen Sie die Knie bei den Übungen nicht zu sehr.
Verlagern Sie das Gewicht nicht zu sehr auf eine Seite.

Vermeiden Sie die spezielle Fußbewegung (Zickzack) beim Einnehmen der Dreikreisestellung. Sie können stattdessen einen Fuß nach rechts oder links stellen und dann die Knie leicht beugen.

☯ **Ich habe oft Rückenbeschwerden. Kann ich die Übungen dennoch ausführen?**

Beim Auftreten akuter Schmerzen sollten Sie keine Übung machen. Bei Beschwerden im unteren Rückenbereich vermeiden Sie zu starke Drehungen des Körpers im Lendenbereich.

Yin und Yang

Gegensätze und Gleichgewicht

In den vorangegangenen Kapiteln habe ich die Lehre der Fünf Elemente und den Begriff *Qi* beschrieben. Sowohl die Lehre der Fünf Elemente als auch der Begriff Qi sind zwei sehr wichtige Standbeine der Traditionellen Chinesischen Medizin (TCM), wobei die Lehre von Yin und Yang als drittes Standbein nicht fehlen darf. Die Philosophie von Yin und Yang ist ein bedeutsamer Bestandteil der chinesischen Kultur, die sich nicht nur in der chinesischen Medizin widerspiegelt, sondern ihren Ausdruck auch im alltäglichen Leben findet.
Nach dem Verständnis der chinesischen Philosophie hat alles Leben seinen Ursprung im Vorhandensein von zwei gegensätzlichen Kräften – nämlich *Yin und Yang.* Das ständige Wechselspiel von Yin und Yang bestimmt die weitere Entwicklung aller Lebewesen und die Dinge der Welt.

Yin und Yang sind Symbole für gegensätzliche Zustände. Die Trennung in Yin und Yang ist nicht absolut. In Yang ist immer etwas von Yin und in Yin immer etwas von Yang enthalten.

Yang
Absteigen
Wasser
Kalt
Nacht
Dunkel
Unten
Hinten
Weiblich
Passiv
Rechts
Bauch/Brust
Aufsteigen
Feuer
Heiss
Tag
Hell
Oben
Vorn
Männlich
Aktiv
Links
Rücken
Yin

Um das Zusammenspiel zwischen Yin und Yang zu verstehen, müssen wir vier Grundregeln beachten:

- Yin und Yang sind zwar gegensätzliche Zustände, jedoch in ihrer Existenz voneinander abhängig. Ohne Yin kann Yang nicht existieren und umgekehrt. Zum Tag gehört die Nacht, wo Kälte ist, gibt es auch Wärme, Aktivität braucht auch Passivität. Aus diesen Tatsachen lässt sich das Resultat ableiten, dass Yin und Yang in ihrer Existenz gleichwertig nebeneinander stehen. In unserer Gesellschaft, in der nur Leistung zählt, wird oft der Zustand von Yang besser bewertet und gefordert. Schnelligkeit, Größe, noch mehr Aktivität etc. sind Ziele unserer Gesellschaft, wobei der Zustand von Yin vernachlässigt und verdrängt wird, obwohl er genauso wichtig ist. Die Untätigkeit während des Schlafs ist ebenso wichtig wie die Arbeit am Tag.

- Yin und Yang begrenzen und ergänzen sich gegenseitig. Viele Funktionen unseres Körpers sind nur möglich durch das Zusammenspiel dieser beiden gegensätzlichen Kräfte. Der Oberarm hat unter anderem zwei Muskeln – den Streckmuskel und den Beugemuskel. Von ihrer Funktion her arbeiten diese Muskeln gegensätzlich. Beim Beugen des Arms zieht sich jedoch der Beugemuskel zusammen und gleichzeitig entspannt sich der Streckmuskel. Erst durch dieses koordinierte Zusammenspiel kann die Bewegung fließend ausgeführt werden.

Auch die inneren Organe werden von zwei unterschiedlichen Arten von Nerven versorgt: Die eine Art fordert die Aktivität, die andere hemmt sie. Erst durch die Harmonisierung dieser unterschiedlichen Kräfte arbeiten die Organe einwandfrei.

Es besteht ein dynamisches Gleichgewicht zwischen Yin und Yang. Deutlich lässt sich das am Tai-Chi-Symbol sehen. In diesem Symbol sind Yin und Yang abgebildet. Die Grenze zwischen beiden weist keine gerade Linie auf, sondern eine S-förmige Kurve. Das heißt, wenn Yin vermehrt auftritt, wird Yang weniger – und umgekehrt. Insgesamt befinden sich die beiden Kräfte im Gleichgewicht, wie es die Abbildung auf Seite 89 zeigt.
Anders jedoch in der Abbildung oben, wo die Grenze nach links verschoben ist. In diesem Fall ist die Yang-Energie ständig im Übermaß vorhanden, das heißt, es herrscht ein Ungleichgewicht zwischen Yin und Yang.
Hierzu ein Beispiel: In unserem Körper besteht ein dynamisches Gleichgewicht zwischen der Körperabwehrenergie und dem Mikroorganismus (z.B. Viren im Nasen- und Rachenraum). Im gesunden Zustand versuchen die Viren, sich ständig zu vermehren; diese Tendenz wird jedoch durch unsere Körperabwehr verhindert. Wird der Mensch durch Unachtsamkeit bestimmte Naturenergien wie Wind und Kälte ausgesetzt, dann wird die Körperabwehrenergie überfordert und geschwächt. In dieser labilen Zeit vermehren sich die Mikroorganismen – der Mensch wird krank.

Yin kann sich in Yang umwandeln und umgekehrt. Beim Betrachten des Tai-Chi-Symbols ist zu erkennen, dass Yin, wenn es sein Maximum erreicht hat, einen Keim von Yang enthält und umgekehrt. Diesen Vorgang können wir im alltäglichen Leben beobachten, zum Beispiel beim Sonnenaufgang und -untergang oder bei zunehmendem und abnehmendem Mond. Auf den Menschen übertragen beschreibt es eine Person, die über einen gewissen Zeitraum ungewöhnlich harte Arbeit geleistet hat (Aktivität = Yang). Oft tritt nach dieser Überaktivität eine Phase der Passivität ein (Yin).

Im Kapitel über die Fünf-Elemente-Lehre wurde bereits erwähnt, dass es vier Energiebewegungsmuster gibt: Aufsteigende und absteigende Energie sowie zusammenziehende und sich ausbreitende Energie. Bei näherer Betrachtung handelt es sich um zwei gegensätzliche Energiebewegungen, die sich in Yin und Yang einordnen lassen. Steigen und Ausbreiten gehören zu Yang – und Sinken und Konzentrieren gehören zu Yin.

Ziel des Fünf-Elemente-Qi-Gongs ist es, nicht nur eine Harmonisierung zwischen den einzelnen Energien in unserem Körper, sondern darüber hinaus auch ein Gleichgewicht zwischen Yin und Yang zu erreichen.

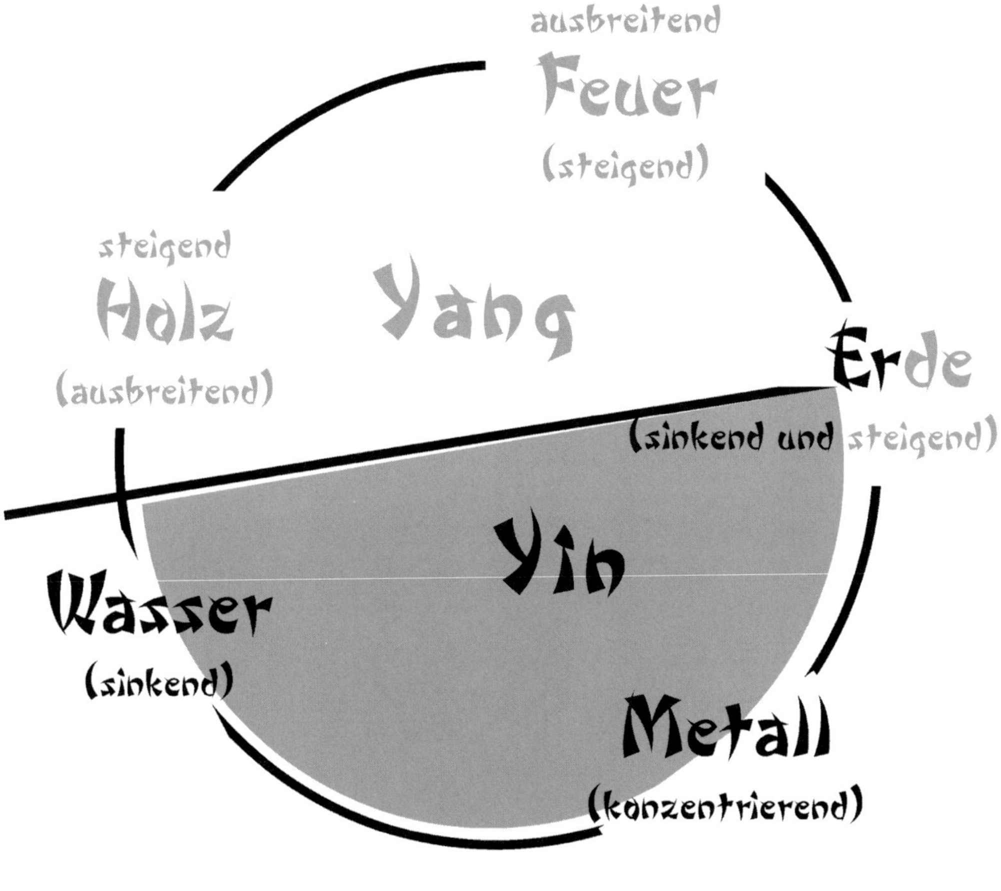
ausbreitend
Feuer
(steigend)
steigend
Holz
(ausbreitend)
Yang
Erde
(sinkend und steigend)
Yin
Wasser
(sinkend)
Metall
(konzentrierend)

Dank

Mein besonderer Dank gilt meinem Lehrer Hin Chun Got, der mich in vielen gemeinsamen Stunden das Fünf-Elemente-Qi-Gong lehrte und in die Philosophie dieses Qi Gongs einführte.
Bei der Abfassung dieses Buches war mir meine Frau Voni eine sehr große Hilfe, dafür danke ich ihr.
Martin Daniels, Fotodesigner, hat mir bei der Entstehung des Buches mit seiner Kreativität und vielen guten Ideen geholfen und die wunderschönen Fotos aufgenommen. Dafür danke ich ihm sehr herzlich.
Mein Dank gilt auch Frau Kristina Lorenz für die gelungenen Zeichnungen.

Bildnachweis

Fotos und Grafiken auf den Seiten 11, 13, 15, 17, 23, 29, 31, 35, 39, 50–63, 65–72, 85, 88, 92: *Martin Daniels, Rösrath*
Zeichnungen auf den Seiten 44, 46, 47, 48: *Kristina Lorenz, Erkrath*
Kalligraphien auf den Seiten 3, 7, 45, 53, 55, 57, 59, 61: *Privatbesitz des Autors*

Der Autor veranstaltet regelmäßig *Tagesseminare* zum Fünf-Elemente-Qi-Gong. Interessenten wenden sich bitte an:

Dr. med. Sie Lukas Kasenda
Breidenhoferstraße 9
42781 Haan b. Düsseldorf
Tel.: 02129 / 76 00

(Über dieselbe Anschrift ist auch ein *Video* über das Fünf-Elemente-Qi-Gong erhältlich.)

Spielerische Rückenschule für Kinder

Liane Schoefer-Happ,
Dieter Allgaier, Cindy Wallin
GUTE HALTUNG – TIERISCH STARK
Spielerische Rückenschule
mit Qigong und Taiji
12 Übungen mit Maufuzius
und seinen Freunden
126 S. Durchgeh. farbig. Geb.
ISBN 3-466-30455-5

Dazu gibt's die MC:
Laufzeit 48 Min.
Best.-Nr. 3-466-45703-3

Zwölf Tiere laden kleine und große Kinder ein, etwas für ihre gute Haltung zu tun. Basierend auf den chinesischen Bewegungskünsten Qigong und Taiji helfen die spielerischen Übungen, Anmut, Eleganz und Kraft zu entwickeln.

KÖSEL

Kösel-Verlag München, online: www.koesel.de